小跳豆 Jumping Bean
做最好的自己故事系列

慢條斯理的力力豆

有條理處事

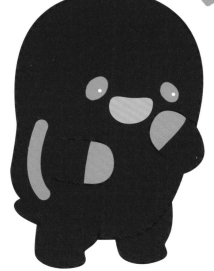

新雅文化事業有限公司
www.sunya.com.hk

小跳豆做最好的自己故事系列

培養積極樂觀的正向性格，讓孩子快樂地成長！

擁有正向性格的孩子，會願意主動探索新事物和迎接挑戰。因此，培養幼兒樂觀積極的正向態度非常重要。

《小跳豆做最好的自己故事系列》共10冊，分別由10位性格不同的豆豆好友團團員擔當主角。孩子透過他們的經歷，可以進一步認識自己、了解他人，嘗試明白並接納不同人的性格特點，學習以正向的態度發揮所長、擁抱自己的不完美，以及面對各種困難，積極樂觀地成長。

豆豆好友團介紹

跳跳豆　糖糖豆　哈哈豆　小紅豆　皮皮豆

胖胖豆　力力豆　博士豆　火火豆　脆脆豆

齊來認識本冊的主角吧！

力力豆

- 很有耐性
- 力氣很大
- 慢條斯理

新雅·點讀樂園 升級功能

　　本系列屬「新雅點讀樂園」產品之一，若配備新雅點讀筆，爸媽和孩子可以使用全書的點讀和錄音功能，聆聽粵語朗讀故事、粵語講故事和普通話朗讀故事，更可錄下爸媽和孩子的聲音來說故事，增添親子閱讀的趣味！

　　家長如欲另購新雅點讀筆，或想了解更多新雅的點讀產品，請瀏覽新雅網頁(www.sunya.com.hk)。

如何使用新雅點讀筆閱讀故事？

1.下載本故事系列的點讀筆檔案

1 瀏覽新雅網頁(www.sunya.com.hk) 或掃描右邊的QR code

　進入 新雅·點讀樂園 。

2 點選 下載點讀筆檔案 ▶ 。

3 依照下載區的步驟說明，點選及下載《小跳豆做最好的自己故事系列》的點讀筆檔案至電腦，並複製至新雅點讀筆的「BOOKS」資料夾內。

2. 啟動點讀功能

　　開啟點讀筆後，請點選封面右上角的 新雅·點讀樂園 圖示，然後便可翻開書本，點選書本上的故事文字或圖畫，點讀筆便會播放相應的內容。

3. 選擇語言

如想切換播放語言，請點選內頁右上角的 粵 ☆ 普 圖示，當再次點選內頁時，點讀筆便會使用所選的語言播放點選的內容。

4. 播放整個故事

如想播放整個故事，請直接點選以下圖示：

5. 製作獨一無二的點讀故事書

爸媽和孩子可以各自點選以下圖示，錄下自己的聲音來說故事！

1 先點選圖示上 爸媽錄音 或 孩子錄音 的位置，再點 OK ，便可錄音。

2 完成錄音後，請再次點選 OK ，停止錄音。

3 最後點選 ▶ 的位置，便可播放錄音了！

4 如想再次錄音，請重複以上步驟。注意每次只保留最後一次的錄音。

大家都說力力豆做事慢。
沒錯，他吃飯很慢，
但吃得認真，
不會東張西望。

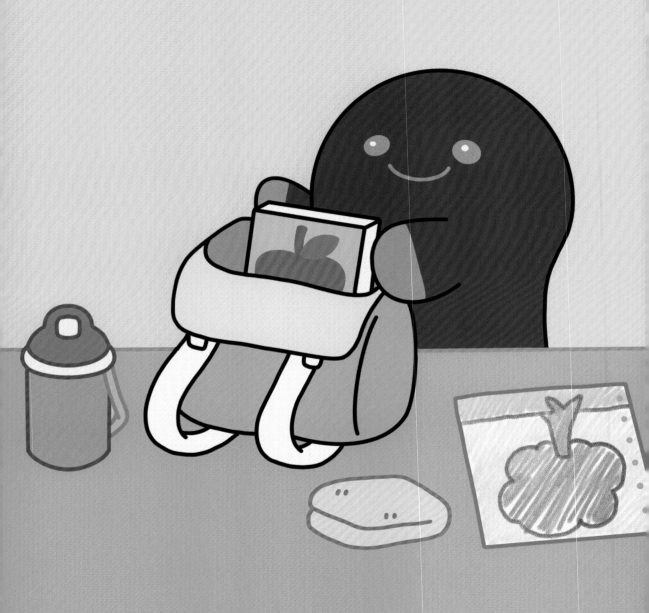

力力豆收拾書包很慢，
但收拾得認真，
不會欠了這樣，缺了那樣。

一天，
博士豆拿了一份食譜過來，說：
「我吃過青瓜阿姨做的蛋糕，
好吃得不得了。
這是她的食譜。」

力力豆、哈哈豆和皮皮豆
不約而同地說：
「讓我來做一個。」
「好極了！反正一個蛋糕不夠
大家吃，三個就剛剛好。」
胖胖豆說。

力力豆按照食譜的份量，
認真地稱量材料，
再按食譜指示，
一步一步去做。

哈哈豆認為稱量材料太麻煩，
份量差不多就可以，
後面的步驟也是差不多就算。

皮皮豆雖然按照食譜來
稱量材料，
但他做事只求快捷，
十個步驟只跟做六個。

二十分鐘過去，
皮皮豆的粉團已經做好，
可以放進烤爐。
這時，力力豆才剛
把各種材料量好。

三十分鐘過去，
哈哈豆的粉團也完成了。
這時，力力豆只完成了一半。

四十五分鐘過去，
力力豆的粉團終於完成。
「你也太慢了吧！
我的蛋糕已經可以吃了。」
皮皮豆得意地説。

皮皮豆和哈哈豆的蛋糕相繼出爐。
本來，大家已經等了很久，
都想趕快嘗嘗美味的蛋糕。
可是，這兩個蛋糕都不成形狀，
連最貪吃的胖胖豆，
只吃了一口，就不吃了。

「吃蛋糕了。」
終於等到力力豆的蛋糕上場了。
力力豆的蛋糕又圓又大，
又鬆軟又好吃，用不了三分鐘，
就給豆豆們吃光了。

博士豆稱讚力力豆說：
「做事不能只貪圖快捷，
更不能馬虎，
只有認真才做得好。」
大家看着那兩個難吃的蛋糕，
都點頭同意。

小跳豆做最好的自己故事系列
慢條斯理的力力豆

作者：袁妙霞
繪圖：Monkey
策劃：黃花窗
責任編輯：黃偲雅
美術設計：劉麗萍
出版：新雅文化事業有限公司
香港英皇道499號北角工業大廈18樓
電話：（852）2138 7998
傳真：（852）2597 4003
網址：http://www.sunya.com.hk
電郵：marketing@sunya.com.hk
發行：香港聯合書刊物流有限公司
香港荃灣德士古道220-248號荃灣工業中心16樓
電話：（852）2150 2100
傳真：（852）2407 3062
電郵：info@suplogistics.com.hk
版次：二〇二三年六月初版